ein Buch von

Umzug mit der Katze

Ratgeber für einen
entspannten Wohnungswechsel

Carmen Schell

Bibliografische Information der Deutschen Nationalbibliothek:

Die Deutsche Nationalbibliothek verzeichnet diese Publikation in der Deutschen Nationalbibliografie; detaillierte bibliografische Daten sind im Internet über http://dnb.dnb.de abrufbar.

Die Angaben in diesem Buch erfolgen nach bestem Wissen und Gewissen. Dennoch ist bei der Umsetzung Sorgfalt und Abwägung geboten. Der Verlag und die Autorin übernehmen keine Haftung für Personen-, Sach- oder Vermögensschäden, die aus der Anwendung der vorgestellten Materialien, Methoden und sonstigen Informationen entstehen können. Die zusammengestellten Informationen sind kein Ersatz für eine tierärztliche bzw. verhaltensberatende Untersuchung oder anwaltliche Rechtsberatung.

Illustration: Luisa Köhler (Zeichnungen)
Fotos: Sandra Exner-Löbig (Autorenbild), Carmen Schell (weitere Fotos)
Gestaltung: Carmen Schell
Lektorat: Babette Schneider

Herstellung und Verlag: BoD – Books on Demand, Norderstedt

ISBN: 978-3-7481-2969-1

Inhalt

Vorwort

Unsere Welt wird globaler, das Leben umtriebiger und ist mit zahlreichen Veränderungen verbunden. Wer früher seine Ausbildung in einem Betrieb begonnen hat, reichte nicht selten dort Jahre später schließlich die Rente ein. Heute wechseln die meisten von uns im Laufe ihres Lebens mindestens einmal den Arbeitsplatz und damit verbunden ihren Wohnort, mitunter sogar häufiger. Wer mit uns leben möchte, benötigt eine gewisse Flexibilität in seinen Gepflogenheiten und Wohnungsansprüchen. „Flexibilität" ist jedoch ein Attribut, das Katzen in Verbindung mit ihrem Revier und ihren Tagesabläufen nicht sehr schätzen. Sie sind revierbezogene Gewohnheitstiere, die allzu große Veränderungen gar nicht mögen. Im Gegenteil. Viele tun sich mit dem Umzug in eine andere Wohnung und ein fremdes Gebiet schwer.

Manche Katzen reagieren darauf mit Symptomen von Überforderung. Kratzer an der frisch renovierten Tapete, ein Urinfleck auf der neuen Couch oder stundenlanges Maunzen sind nur einige der möglichen Folgen. Bei einem Freigänger können die ersten Wochen zusätzlich zur Nervenprobe werden, wenn das Tier nicht nach draußen darf oder immer und immer wieder in sein altes Zuhause zurückkehrt und dabei womöglich viele Kilometer auf gefährlichen Straßen passiert.

Wie Sie einen anstehenden Umzug mit Ihrer Katze möglichst stressarm gestalten können, lesen Sie in diesem Ratgeber. Dabei ist es gleichgültig, ob Sie bereits einen neuen Mietvertrag unterschrieben haben oder sich noch verschiedene Objekte anschauen. Sie erhalten in jeder Phase des Umzugs Praxistipps und Hilfestellungen, um die Sicht Ihrer Fellnase zu verstehen und entsprechend handeln zu können.

Wie weit Sie letztendlich auf Ihre Samtpfote eingehen (müssen), ist einerseits von der Sensibilität des Tiers abhängig und andererseits Ihren persönlichen Lebensumständen geschuldet. Picken Sie sich daher die Aspekte aus diesem Buch, die für Sie und Ihre Katze besonders wichtig und gleichermaßen umsetzbar erscheinen. Ich wünsche Ihnen gutes Gelingen und ein geschicktes Händchen für die anstehende spannende Zeit des Neubeginns.

Grundlegendes –
Mauerblümchen und Freigeist

Bevor Sie für sich und Ihre Katze das Projekt „Umzug" in Angriff nehmen, lohnt sich ein Blick auf Ihre Ausgangssituation. Wohnen Sie mit mehreren Minitigern in einer Wohnung, betrachten Sie bitte jedes Tier individuell und bewerten, welche Herausforderungen der Neuanfang für die unterschiedlichen Charaktere Ihrer Katzen-WG voraussichtlich mit sich bringen wird.

Haben Sie einen freiheitsliebenden Streuner mit nur wenig Draht zum Menschen, wird dieser eine andere Unterstützung benötigen als Ihre kuschelige, auf Sie sozialisierte Wohnungskatze. Müssen Sie sich für die Zeit des Hausarrests besondere Beschäftigungsmöglichkeiten für Ihren Freigänger einfallen lassen? Wenn ja, sollten Sie diese möglichst im Vorfeld austesten, weil Kater Carlo vielleicht alles spannend findet, nur nicht Ihre Spieleinheiten. Gab es in der Vergangenheit schon einmal Stress beim Neukauf eines größeren Möbelstücks oder findet es Ihre Katzentruppe total spannend, wenn Sie regelmäßig Ihre Einrichtung neu strukturieren und andere Düfte mit nach Hause bringen? Sollten Sie weiter wegziehen wollen, kann auch ein Transportbox- und Reisetraining auf dem Programm stehen, insbesondere wenn Ihre Katze schon beim Besuch des örtlichen Tierarztes Rambazamba macht.

Nehmen Sie sich Zeit für diese Bestandsaufnahme. Wägen Sie dabei auch ab, welche Punkte Ihrer Katze besonders wichtig sind, wo sie voraussichtlich nur wenig Abstriche in Kauf nehmen wird. Einen ausgeprägten Freigänger nicht zum dauerhaften Stubenarrest verdonnern zu können, ist naheliegend. Aber gibt es andere Highlights in Ihrer aktuellen Wohnung, die ebenso wichtig sind? Notieren Sie sich, was Ihre Katze in der jetzigen Wohnsituation besonders schätzt, was sie regelmäßig genießt oder einfordert, und berücksichtigen Sie diesen Umstand möglichst auch in Ihrem neuen Umfeld. Umgekehrt könnte der anstehende Umzug eine Chance sein, bestehende Abneigungen Ihrer Fellnase loszuwerden – wie den allzu forschen Hund im angrenzenden Garten.

Bei einem Freigänger beeinflussen die aktuellen Verkehrsverhältnisse in seinem Revier seinen Erfahrungsschatz bezüglich der Gefahr vorbeifahrender Autos. Wohnen Sie aktuell in einer verkehrsberuhigten Umgebung, wird er den turbulenten Berufsverkehr der Stadt erst lernen müssen. Ein noch höheres Risiko stellen nahe gelegene Landstraßen dar, die durch ihre unregelmäßig, aber schnell vorbeibrausenden Fahrzeuge besonders schlecht einzuschätzen sind.

Orientierungshilfe

Auf diese Lebensumstände der Katze sollten Sie bei der Wohnungssuche besonders achten. Sie geben Ihnen Hinweise, auf was Ihre Katze voraussichtlich nicht verzichten möchte beziehungsweise womit sie bereits umgehen kann.

Ein Freigänger, der jederzeit durch eine Katzenklappe kommen und gehen kann, besteht sicherlich weiterhin auf diesen Luxus. Eine Wohnungskatze wiederum verzichtet nur ungern auf die liebgewonnenen Aufstiegsmöglichkeiten zum Klettern und Verstecken. Abstriche in essenziellen Eigenschaften der Lebensumstände sind mit Stress und Frustration verbunden und sollten vermieden oder zumindest durch neue Highlights ersetzt werden.

Ihre Katze ist...

Freigänger mit ...

🐾 Katzenklappe   🐾 persönlichem Türöffner

🐾 (vielen) anderen/fremden Hunden oder Katzen

🐾 Revierstreitigkeiten (häufig/selten/gar nicht)

🐾 **wenig** Fahrzeugverkehr (verkehrsberuhigt, Sackgasse)

🐾 **starkem** Verkehrsaufkommen

🐾 **großem** Revier, weitläufigen Ausflügen

🐾 **kleinerem** Revier, grundstücksnahem Aufenthalt

Ihre Katze ist...

Geschützter Freigänger mit ...

🐾 Garten/Gehege   🐾 Balkon   🐾 Fensteraufbau

Leinengänger in ...

🐾 eigenem Garten/auf ruhiger Grünfläche

🐾 belebtem Gebiet/an der Straße

Wohnungskatze mit ...

🐾 mehreren Stockwerken

🐾 _____ qm Nutzfläche

(exklusive Tabuzonen)

🐾 hohen Decken/ dritter Dimension

(Regalen, Catwalks, ...)

🐾 verschiedenen Zimmern für Toilette, Ruhe & Schlafplatz

Wohnungssuche mit Katze

Zugegeben, es wird immer schwerer, eine Wohnung zu finden. Dennoch beginnt die Vorbereitung eines Umzugs mit Ihrer Katze bereits mit der Auswahl einer auch für sie passenden Bleibe. Zwar kann die Katzenhaltung im Mietvertrag nicht mehr kategorisch untersagt werden. Um Konflikte zu vermeiden, ist es aber besser, einen für Haustierhaltung offenen Vermieter zu finden. Man geht damit nicht nur einem Streit aus dem Weg, sondern hat im Idealfall die Möglichkeit, seine Wohnung noch ein wenig interessanter für den felinen Mitbewohner gestalten zu dürfen.

So kann ein abgesicherter Balkon oder ein Fensteraufbau (siehe Bild) der Katze eine zusätzliche Frischluftgelegenheit und Abwechslung schenken, was aufgrund der baulichen Veränderungen meist nur mit Genehmigung des Vermieters umgesetzt

werden darf. Beziehen Sie eine Erdgeschosswohnung, ist mit entsprechender Genehmigung möglicherweise auch ein katzensicher umzäunter Garten oder ein kleines Freigehege eine tolle Erweiterung des Reviers.

Haben Sie einen Freigänger, könnte ein tierfreundlicher Vermieter einer Katzenklappe im Keller oder Katzenleiter an der Außenfassade des Hauses aufgeschlossen gegenüberstehen. Sofern Ihre Katze nicht auf eine solche unabhängige Ein- und Ausgangsmöglichkeit besteht – solche Katzen gibt es durchaus –, sind diese Fragen jedoch sicherlich eher etwas für die Zeit nach dem Einzug.

Liegt die Wohnung in einem höheren Stockwerk, finden sich vor allem in kleineren Hausgemeinschaften manchmal überraschende Lösungen, um mit einem Freigänger doch dort einziehen zu können. Es gibt durchaus katzenfreundliche Häuser, in denen das Tier von netten Nachbarn nach seinem Freigang ins Treppenhaus gelassen wird und von dort zurück in die Wohnung kann. Sprechen Sie dies an und schauen Sie nach einem geschützten Unterschlupf in der Nähe der Haustür. Das kann ein buschiger Strauch sein oder gar die Möglichkeit, eine kleine Holzhütte aufzustellen, um längere Wartezeiten bei schlechtem Wetter angenehmer zu gestalten. Sind Sie regelmäßig mehrere Stunden außer Haus, könnte je nach Platzangebot eine Notfall-Katzentoilette in einem geräumigen Hausflur oder frei zugänglichen Keller eine Überlegung wert sein.

Kommt ein persönlicher Türservice nicht in Frage, gibt es mittlerweile Firmen, die eine Art Katzentreppe oder -aufzug an der Außenfassade anbringen. So kann Ihr kleiner Freigeist nach Belieben in Ihre Wohnung im oberen Stockwerk gelangen. Auch hier ist jedoch die Einwilligung des Vermieters und gegebenenfalls weiterer Hausparteien notwendig, weil diese Konstruktion an der Außenmauer fest installiert wird.

Vorsicht geboten ist bei Wohnungskatzen, die in eine Erdgeschosswohnung mit Terrasse einziehen. Die große Freiheit stets direkt vor der Katzennase, mit Ihnen als Halter, der abends entspannt draußen sitzt – das könnte bei Ihrer Fellnase das Verlangen nach Freigang wecken. Aus entspanntem Hinausschauen könnte dann schnell die beharrliche Forderung nach Freigang werden, die sich in intensivem Maunzen oder auch Kratzen an Türen und Tapeten äußern kann. Oder die Katze sitzt stundenlang vor der Terrassentür, um eine günstige Sekunde abzupassen und zu entwischen. Bedenken Sie dieses Risiko und wägen Sie ab, ob Sie in diesem Fall bereit sind, Ihrer Katze Freigang zu erlauben und ob die Wohngegend dies zulässt.

Die neue Nachbarschaft – Wer wohnt nebenan?

Neben der Frage der Haustierhaltung sollten Sie ein wenig mehr über Ihre potentielle neue Nachbarschaft aus Sicht Ihrer Katze in Erfahrung bringen. Die meisten Wohnungskatzen sind Alltagslärm durchaus gewöhnt und lernen, neue Geräusche schnell als harmlos einzuordnen. Ist Ihre Fellnase jedoch schon immer etwas empfindlich oder tut sie sich mit neuen Erfahrungen generell schwer, schauen Sie genau hin und bereiten sie auf die neuen Umgebungsgeräusche vor. Das können kleine Kinder sein, die tagsüber laut spielen oder poltern, oder eine Nachbarin, die regelmäßig mit hohen Absätzen übers Parkett klackert. Sonst könnte Ihre sensible Wohnungskatze so sehr gestresst sein, dass sie nicht mehr unterm Bett vorkommt oder unsauber wird.

Für Freigänger umfasst die Nachbarschaft das Gebiet um das neue Haus inklusive Zugang nach draußen. Insbesondere, wenn Ihre Katze bisher keinen direkten Kontakt mit Hunden hatte, kann die plötzliche Begegnung mit einem temperamentvollen Exemplar im Hausflur zum traumatischen Erlebnis werden – ebenso wie ein lauter Beller am Gartenzaun. Je nach Aufgeschlossenheit Ihrer Nachbarn und Katze, können Sie diese Begegnungen gemeinsam gestalten und so einem zumindest tolerierenden Nebeneinander den Weg ebnen. Ist das nicht möglich, suchen Sie frühzeitig nach Alternativen. Möglicherweise kann Ihre Katze über eine Terrassentür oder ein tief gelegenes Fenster Zugang zu Ihrer Wohnung und nach draußen erhalten, um dem Hund nicht im engen Hausflur zu begegnen. Oder Sie vermeiden es, Ihre Katze zu den regelmäßigen Gassizeiten des Nachbarhunds raus zu lassen.

Es gibt aber auch Katzen, die Hunden am Gartenzaun unmissverständlich ihre Abneigung zeigen und jede Gelegenheit nutzen, dem vorbeikommenden Bello einen beherzten Pfotenschlag auf die Nase zu geben. So mancher Nachbarschaftsstreit dreht sich um die ständige Keilerei zwischen Hund und Katze. Sollten Sie solch einen unerschrockenen Helden beherbergen, prüfen Sie besonders sorgfältig, ob und wie viele Hunde in Ihrer potenziellen Nachbarschaft zum Opfer werden könnten. Sichern Sie in diesem Fall den Gartenzaun durch einen Sichtschutz in Höhe Ihrer Katze ab, sodass der Streit gar nicht erst eskalieren kann.

Katzenhasser in der direkten Umgebung bedeuten eine unsichere Wohngegend für Ihre Samtpfote. Allerdings kann auch eine hohe Katzendichte oder ein sehr territoriales Tier zu einem Problem für Ihren Freigänger werden. Leben bereits andere Katzen in direkter Nachbarschaft, beobachten oder erfragen Sie, wie deren Umgang miteinander ist. Leben sie weitgehend friedlich in den angrenzenden Gärten oder gibt es vielleicht ein Tier, das mit jedem Streit anfängt? Lässt es sich nicht vermeiden, dass ein oder mehrere sehr territoriale

Katzen in unmittelbarer Nähe wohnen, kann es helfen, sich mit den betroffenen Nachbarn auf unterschiedliche Tageszeiten für den Freigang abzustimmen und damit Auseinandersetzungen zumindest zu reduzieren.

Gehört zum neuen Haus ein Garten, können Sie versuchen, ihn für Ihren Freigänger so attraktiv zu machen, dass er seine Zeit überwiegend dort verbringt. Den direkten Zugang zum Revier des Rivalen wiederum gestalten Sie unzugänglich oder zumindest unattraktiv. Eine urig bewachsene Fläche mit üppigen Sträuchern, die Schmetterlinge und andere Insekten anlocken, hohen Liegeflächen und einem kleinen, katzensicheren Teich bieten spannende Stunden im eigenen Garten. Eine Garantie für das harmonische Miteinander zweier territorialer Tiere ist diese Lösung dennoch nicht.

🐾 Tipp: Katzen sind territoriale Tiere, die ihre Reviere über ein ausgeklügeltes Kommunikationssystem mittels Geruchs- und Kratzmarkierungen im Time-Sharing-Verfahren aufteilen. Jede ortsansässige Katze weiß, wann sie eine bestimmte Gegend eher meiden sollte, um dem verfeindeten Artgenossen nicht in die Pfoten zu laufen. Kommt eine neue Katze ins Revier oder entfällt ein Bestandstier, so muss dieses Time-Sharing-Modell neu verhandelt werden. Die Neue im Revier läuft zunächst unvermittelt in Tabuzonen, begegnet den unbekannten Nachbarn – es kommt zu Streitigkeiten. Manchmal wurde Kater Carlo aus der Nachbarschaft von Ihren Vorgängern regelmäßig gefüttert und spaziert ganz und gar selbstverständlich in das Kerngebiet Ihrer Katze. Begegnen sich die beiden, kommt es vermutlich zu lautstarken Kämpfen.

Es muss im wahrsten Sinne des Wortes ausdiskutiert werden, welche Nutzungsrechte bestehen. Meist ist der Spuk nach einigen Wochen oder Monaten vorbei, doch Sie können die neue Revieraufteilung durch eine katzengerechte Strukturierung Ihres Gartens und des unmittelbaren Ausgangs Ihrer Katze etwas stressfreier machen. Achten Sie auf möglichst viele kleine Tarnstationen, mit denen sich Ihr Freigänger von Deckung zu Deckung bewegt und die Lage abschätzen kann. Weiche Kratzstellen an Wegpunkten und Reviergrenzen, die schnell Spuren hinterlassen, unterstützen den kommunikativen Austausch der Reviertiere ebenfalls. Haben Sie einen felinen Mitesser, sollten Sie von Anfang an konsequent bleiben, sofern Ihre eigene Katze auf diesen Besuch ungehalten reagiert.

Die neue Wohnung – Alles an seinem Platz

Eine Wohnung ist nicht nur durch ihre Fläche für eine Katze gut oder weniger gut geeignet. Da Katzen die dritte Dimension, also die Höhe, für sich nutzen können, kann selbst ein verhältnismäßig kleines Appartement mithilfe von Regalen, Schränken oder individuellen Catwalks aus Hängebrücken, Laufstrecken und vielem mehr zu einem schönen Zuhause für eine Samtpfote werden. Dazu sind Altbauwohnungen mit ihren hohen Decken besonders gut geeignet, aber auch mit einer Standardwohnhöhe von 2,50 Meter bieten beispielsweise Zimmerecken oder der Raum über Türen genügend Platz für verschiedene Aufstiegsmöglichkeiten.

Weitaus kniffliger kann die Unterbringung einer Katzentoilette werden, die womöglich in der bisherigen Wohnung ganz exakt in eine für Sie als Halter günstige Nische im Bad eingepasst wurde. Wenn es diese praktische Nische in der neuen Wohnung nicht gibt, steht man vor einem Problem. Schauen Sie bei der Wohnungsbesichtigung daher nicht nur, wo Ihre Möbel ihren neuen Platz finden können, sondern messen Sie im Zweifel nach, wo die Toiletten Ihrer Katze aufgestellt werden könnten. Katzen gehen bei der Veränderung ihrer Toiletten manchmal nur wenig Kompromisse ein. Ein kleineres oder an einem aus ihrer Sicht ungünstigen Standort platziertes Katzenkistchen könnte, insbesondere im Umzugsstress, eine für sie nicht akzeptable Situation darstellen.

Umzugsvorbereitung – Karton um Karton

Haben Sie sich für eine Wohnung oder ein Haus entschieden, rückt der Umzugstermin schließlich immer näher. Um Ihre Katze langsam auf die anstehende Veränderung vorzubereiten, sollten Sie mit dem Packen der Kartons mindestens drei bis vier Wochen vor dem geplanten Umzug anfangen. Je früher, desto besser.

Umzug in kleinen Häppchen

Katzen gewöhnen sich im Allgemeinen nur langsam an Veränderungen in ihrem Alltag und ihrem Revier und kommen mit kleinen Anpassungen besser zurecht, als mit der plötzlichen Konfrontation mit einer völlig neuen Situation. Packen Sie daher zunächst nur einen Umzugskarton und lassen ihn einige Tage sichtbar in der Wohnung stehen, bevor Sie ihn wegbringen. Packen Sie dann einen weiteren, am Folgetag den nächsten und schließlich zwei Kartons an einem weiteren Tag. Lassen Sie Ihre Einrichtung nach und nach in den Kartons verschwinden und integrieren Sie Ihre Samtpfote in das Geschehen. Katzen lieben Kartons und so kann das gemeinsame Packen mit raschelndem Packpapier zu einem besonderen Highlight werden. Je sensibler Ihre Katze ist, desto mehr Zeit sollten Sie für diese ersten Schritte Ihres Umzugs einplanen. Geht Ihre Katze wiederum gelassen mit dem immer größer werdenden Umzugsberg um, können Sie getrost das Tempo erhöhen.

Wenn Sie den Umzug nutzen wollen, sich von älteren Möbelstücken zu trennen, lassen Sie sich damit Zeit. Ihre Katze hat sich an den Geruch Ihres alten Sessels gewöhnt, sie identifiziert ihr Revier wesentlich über den gemeinsamen vertrauten Geruch. In der Vorbereitungsphase sollten Sie daher möglichst vieles an seinem gewohnten Platz lassen, Sie vermeiden so ein für Ihre Katze fremdes und ungemütliches Zuhause. Ihre wachsende Freude über jedes umgezogene Möbelstück, führt zu wachsender Unsicherheit bei Ihrer Katze, die damit ein weiteres Stück Vertrautheit verliert.

In der neuen Wohnung wiederum geben Sie ihr ein Stück Sicherheit, indem Sie möglichst viel von der alten Einrichtung und den damit verbundenen bekannten Gerüchen mitnehmen und erst später ersetzen. Möchten Sie dennoch nicht auf die eine oder andere Neuanschaffung verzichten, so können Sie es Ihrer Katze erleichtern, indem Sie beispielsweise eine von ihr benutzte Decke oder ein von Ihnen getragenes Kleidungsstück auf dem neuen Möbelstück auslegen, damit es möglichst schnell den gemeinsamen Gruppengeruch annimmt und nicht mehr so fremd scheint. Besonders geeignet ist von uns Haltern (und Katzen) benutzte Bettwäsche, in der wir einige Nächte geschlafen haben und die dadurch unseren Geruch angenommen hat. Ein Bettlaken ist auch ausreichend groß, um die neue Couch abdecken und mit dem bekannten Geruch einduften zu können.

In manchen Fällen hilft das Besprühen mit einem Pheromon-Spray, um Ihr Tier schneller an ein neues Möbelstück zu gewöhnen. Reagierte Ihre Katze in der Vergangenheit auf Veränderungen mit Unsauberkeit oder einem anderen Problemverhalten, sollten Sie zunächst auf alles verzichten, das nicht zwingend notwendig ist.

Wie schnell oder langsam Sie den Umzug durchführen und welche Vorkehrungen Sie für die unmittelbare Zeit nach dem Wohnungswechsel einplanen sollten, ist abhängig von dem Charakter Ihrer Katze und ihren bisherigen Erfahrungen mit Veränderungen. Die nachfolgende Orientierungshilfe kann Sie bei der Einschätzung unterstützen, wie umzugsfreudig Ihre Katze voraussichtlich ist. Haben Sie einen sehr aktiven, neugierigen Freigänger, sollten Sie sich ein umfangreiches Entertainment-Paket für die Phase überlegen, in der sich der Freigeist im Haus an die neue Umgebung gewöhnen muss und folglich nicht raus darf. Probieren Sie bereits vor dem Umzug aus, was Ihr kleiner Professor spannend findet und womit sie ihn ein wenig von der verlockenden Freiheit vor Ihrer Tür ablenken können.

Orientierungshilfe für die Umzugskompetenz Ihrer Katze

Charaktereigenschaften – Ihre Katze ist...

🐾 sehr aktiv (ruht kurz, leicht ablenkbar, sucht ständig neue Beschäftigung)

→ Diese Katze benötigt insbesondere als Freigänger in der Eingewöhnungsphase abwechslungsreiche Beschäftigungsangebote. Testen Sie frühzeitig vor dem Umzug aus, wie Sie diese Fellnase auslasten können und variieren Sie die Angebote regelmäßig, um Langeweile vorzubeugen. Wechseln Sie sowohl intensive Spieleinheiten mit Ihnen, als auch solitäre Beschäftigung über Futterparcous oder Activity Boards ab.

🐾 neugierig (geht mutig auf Neues zu und erkundet es), entspannt

→ Jackpot! Mit dieser Katze werden Sie voraussichtlich entspannt umziehen können. Beziehen Sie die Fellnase von Anfang an in den Umzug ein. Packen Sie das Umzugsgut mit ihr gemeinsam ein und schließlich wieder aus. In der neuen Wohnung bieten die Kartons noch einige Zeit einen spannenden Abenteuerspielplatz für Ihre erkundungsfreudige Katze.

🐾 eher ängstlich (lässt sich langsam auf Neues ein, ist schnell verunsichert)

→ Gehen Sie behutsam vor und führen Sie Veränderungen langsam durch. Lassen Sie die Katze unbedingt zunächst in ihrem Katzenzimmer ankommen und machen ihr freundliche Leckerchen- oder Spielangebote, wenn wirklich alles wieder ruhig um sie herum ist. Bekannte Gerüche und ausgewählte Lieblingsmöbel vermitteln der Fellnase Sicherheit und lassen sie mutiger werden.

Charaktereigenschaften – Ihre Katze ist ...

🐾 sehr ängstlich/scheu (Unbekanntes löst Flucht oder Abwehr aus, reagiert mit Problemverhalten auf Veränderungen)

→ Beherzigen Sie unbedingt die Unterstützungsmaßnahmen dieses Ratgebers und packen eine große Portion Geduld mit in die Umzugskartons. Lassen Sie diese Katze zunächst in ihrem Katzenzimmer heimisch werden bevor Sie die Türe für die weitere, zimmerweise Erkundung öffnen. Idealerweise richten Sie das Ankunftszimmer ausschließlich mit bekannten Möbelstücken ein, um ein größtmögliches Sicherheitsgefühl zu erreichen. Für den Freigang benötigt dieses scheue Wesen voraussichtlich mehrere Monate, um sicher wieder zurückzufinden.

Umzugskompetenz – Wie reagiert Ihre Katze auf...

🐾 neue Möbelstücke (Sofa, Bett etc.)

→ Wurden neue Möbel in der Vergangenheit mit Skepsis oder einem Problemverhalten (Unsauberkeit, Markieren) quittiert, sollten Sie viele Möbel erhalten und erst nach der Eingewöhnung austauschen. Decken Sie neue Stücke mit benutzten Decken ab oder besprühen sie mit einem Pheromonspray.

🐾 neue Katzen im Revier

→ Ihre Katze fängt mit jedem Artgenossen im Revier Streit an? Dann schauen Sie sich die neue Wohngegend genau an und erkunden die bestehende Katzendichte. Sie scheinen ein territoriales Tier zu beherbergen, das diese Eigenschaft sicherlich nach seinem Umzug nicht ablegen wird. Die Gefahr der Rückkehr in das alte Revier ist groß.

Umzugskompetenz – Wie reagiert Ihre Katze auf...

🐾 Hausarrest (etwa bei Krankheit)

→ Dreht Ihre Katze bei wenigen Tagen Hausarrest bereits am Rad? Dann sollten Sie für die Eingewöhnung frühzeitig vor Ihrem Umzug ein abwechslungsreiches Programm austesten (siehe auch Charaktereigenschaft „sehr aktiv"). Durfte Ihr Freigeist bisher kommen und gehen, wann er möchte, üben Sie den Stubenarrest in kleinen Stücken, begleitet von angenehmen Leckereien und Beschäftigungsangeboten. Verlängern Sie die Dauer nach und nach. Clickern ist sowohl für das Training sehr gut geeignet und lastet Ihre Katze zusätzlich aus.

Notwendige Renovierungsarbeiten

Sobald Sie Zugang zu der neuen Wohnung, haben, nutzen Sie die Zeit bis zum Umzug, um zunächst alle Arbeiten zu verrichten, die mit starken Gerüchen verbunden sind. Beginnen Sie in den Räumen, in denen sich die Katze voraussichtlich am meisten aufhalten wird. So kann die frisch tapezierte oder gestrichene Wohnung ausdünsten. Laute Renovierungsarbeiten wie Bohren oder Hämmern sollten Sie ebenfalls möglichst vor dem Umzug abschließen.

Wohnungsstruktur –Feline Gestaltungsideen

Manchmal birgt ein Umzug die Chance, noch ein wenig mehr persönliches Wohngefühl mit kätzischer Revierstruktur zu kombinieren.

Wo steht was am besten:

Katzentoilette: Eine der wichtigsten, wenn nicht die wichtigste Ressource für Ihre Katze ist der Ort, an dem sie ungestört ihr Geschäft erledigen kann. Allerdings müssen die meisten Katzen ausgerechnet bei diesem Bedürfnis die größten Kompromisse eingehen, da wir Menschen die Katzentoilette möglichst unauffällig und praktisch platzieren möchten. Nutzen Sie Ihren Umzug, um den bestmöglichen Standort für Sie und das Tier zu finden und so im Keim das Risiko für Unbehagen oder gar Unsauberkeit zu vermeiden.

In der Natur sucht sich die Katze einen Ort, an dem sie sich geschützt und ungestört fühlt, gleichzeitig aber einen guten Überblick über herannahende Feinde hat. Der Untergrund ist weich, trocken, sandartig und es lässt sich eine kleine Grube darin scharren. Futter- und Schlafplatz sind möglichst weit entfernt, und da Katzen Kot und Urin nicht gleichzeitig absetzen können, gehen sie für beide Geschäfte in der Regel an unterschiedliche Orte. Daraus ergibt sich die weit verbreitete Richtlinie „Anzahl an Katzen plus eins" als Mindestmenge platzierter Toiletten im Haus. Ihre Katze hat damit zwei Ausweichmöglichkeiten, um das nächste Geschäft an einem anderen Ort zu verrichten. Fehlt ihr diese Option, löst sie es meist durch einen kleinen Spaziergang zwischen dem Kot- und Urinabsatz oder dreht sich innerhalb der Toilette mehrfach um die eigene Achse, um so einen vermeintlich zweiten Ort für das nächste Geschäft zu finden.

In der Natur bieten die Ausscheidungsorte zudem ausreichend Platz, sodass sich die Katze mehrfach drehen, einige Schritte hin und her laufen kann, um den für sie passenden Standort auszumachen.

Übertragen wir dieses Verhalten nun auf unsere Wohnung, beginnt die Auswahl mit einer ausreichend großen Katzentoilette, in der sich Ihre Fellnase ein wenig bewegen kann, ohne einen krummen Buckel machen zu müssen oder mit ihrem Hinterteil über den Rand hinaus zu ragen. Als Richtlinie für die Maße der Toilette gilt die eineinhalbfache Länge der Katze ohne Schwanz. Damit scheiden die meisten im Handel verfügbaren Toiletten leider aus. Eine sinnvolle Alternative bieten flache Aufbewahrungsboxen aus dem Möbelhandel, die es auch in großen Größen gibt. Haben Sie Sorge, dass Ihre Katze über den Rand strullert, können Sie mit einer zusätzlichen Plastikwand für Sicherheit sorgen. Achten Sie darauf, die Plastikwand von innen mit der Schale zu verschrauben, damit der abfließende Urin sicher in der Toilette landet. Verwenden Sie rostfreie Edelstahlschrauben, die länger haltbar sind.

Als Standort für Ihre Katzentoiletten suchen Sie nach geschützten und gleichzeitig übersichtlichen Orten. Prüfen Sie, ob Sie eine Toilette an einer nicht direkt einsehbaren Zimmerecke platzieren und eventuell davor mit einer buschigen Pflanze etwas Privatsphäre herstellen können. Ungeeignet sind meist Flure, in denen die Katze wie auf einem Bahnhof ihr Geschäft verrichten und stets mit einer Störung durch vorbeilaufende Menschen oder andere Haustiere rechnen muss. Nicht selten werden Toiletten unter Treppen platziert, was vor allem bei knarrenden Stufen oder in belebten Haushalten zu einem unfreiwilligen Action-Erlebnis für Ihre Katze wird. Während sich Ihre Fellnase auf ihr dringendes Geschäft zu konzentrieren versucht, geht über ihrem Kopf buchstäblich die Welt unter. Eine sensible Samtpfote verliert dabei schnell die Nerven und gleichzeitig die Lust, diesen Ort des Schreckens erneut aufzusuchen.

Der wohl häufigste Standort für eine Katzentoilette ist unser eigenes Bad, wogegen zunächst nichts spricht. Achten Sie jedoch darauf, dass das Katzenkistchen darin so untergebracht wird, dass Ihre Fellnase nicht unfreiwillig nass wird, weil Sie sich darüber die Hände waschen oder nebenan duschen.

Bei meinen Hausbesuchen bin ich immer wieder erstaunt, wie klein die Katzentoilette häufig ausfällt, damit sie gerade so zwischen Badewanne und Menschentoilette passt. Der Gang zur Toilette wird für Ihre Katze damit zum gezielten Einparkvorgang, den sie in jungen Jahren oft sogar mitmacht. Kommen jedoch zusätzliche Stressfaktoren oder im Alter schmerzende Knochen dazu, findet die Samtpfote dann vielleicht den Raum vor ihrer Toilette ebenso akzeptabel.

Zu guter Letzt achten Sie darauf, eine ausreichende Anzahl an Toiletten aufzustellen. Stellen Sie sicher, dass Ihre Katze von allen Punkten der Wohnung aus zügig zu einem Kistchen gelangen kann. Für Kitten, Senioren und körperlich eingeschränkte Katzen sollte es auf jedem Stockwerk mindestens ein stilles Örtchen geben, sodass sie keine Treppen überwinden müssen.

Bei Ihrem Freigänger bedenken Sie, dass er zumindest für die Eingewöhnungszeit auch eine Katzentoilette innerhalb der Wohnung benötigt und seine Ansprüche an ein ausreichendes Toilettenmanagement möglicherweise höher sind als die einer Wohnungskatze. Er hat im Freigang jede Menge Auswahl und sich sicherlich eine Luxustoilette ausgesucht, die in der Übergangsphase womöglich nur schwer auszugleichen ist. Testen Sie seine Vorlieben sicherheitshalber bereits vor Ihrem Umzug. Achten Sie ganz besonders auf Geräumigkeit und feine, klumpende und duftneutrale Einstreu, die den natürlichen Bedürfnissen möglichst nahekommt.

Futter- und Trinkschalen: Beim Futternapf hat die Katze glücklicherweise nicht allzu große Ansprüche an Ausführung und Standort. Sehen Sie für den Napf einen ruhigen, ebenso geschützten Platz vor, an dem Ihr Minitiger in Ruhe seine Mahlzeit einnehmen kann. Der Ort sollte möglichst weit von der nächsten Katzentoilette entfernt sein. Möchten Sie Ihrer Katze das Fressen besonders angenehm gestalten, positionieren Sie die Futterschale etwas erhöht, was gerade im Alter und bei der kranken Katze die Nahrungsaufnahme verbessert. Die Schale sollte eher flach sein, damit die Schnurrhaare nicht am Rand anstoßen, was sich für die sensiblen Tiere unangenehm anfühlt.

Der nächste Trinknapf sollte nicht unmittelbar neben dem Futter stehen, da Katzen separat fressen und trinken. Letzteres tun sie am liebsten an Laufwegen, sodass Sie Ihre neue Wohnung dahingehend beurteilen sollten, wo Ihr kleiner Erkunder voraussichtlich regelmäßig sein Revier ablaufen wird. Stellen Sie an diesen Laufwegen verschiedene Trinkgefäße auf und denken Sie beim Einsatz von Katzenbrunnen an eine nahe gelegene Steckdose und einen möglichst wasserunempfindlichen Untergrund.

Kratzmöglichkeiten: Im Handel gibt es die vielfältigsten Kratzgelegenheiten. Aber obwohl sie für die unterschiedlichsten Ansprüche gemacht zu sein scheinen, geht doch nicht selten etwas bei der Auswahl und Platzierung schief. Am Ende findet der Minitiger größten Gefallen am kapriziösen Umgestalten des frisch erworbenen Sofas oder zieht die neue Tapete im Flur fein säuberlich in Streifen von der Wand. Auch wenn der Ärger groß ist – Ihre Katze geht hier lediglich einem natürlichen Bedürfnis nach.

Das Kratzen an Gegenständen gehört zum Kommunikationsverhalten und kennzeichnet insbesondere Reviergrenzen und dient zusätzlich dem Stressabbau. Nur ein geringer Teil wird zum Schärfen der Krallen genutzt. So gestaltet Ihre Fellnase zum Beispiel an Ihrer Couch eine Art Türschild, das von weitem gut erkennbar zeigen soll, dass hier der tollste Kater wohnt und jegliches unbefugte Betreten anderer Katzen strengstens untersagt ist. Wer schreibt seinen Namen schon in hellgrauer Schrift auf ein weißes Schild und hängt es versteckt hinter die Tür, um deutlich zu machen, dass er hier wohnt? So macht es für eine Katze wenig Sinn, erst noch ein Stockwerk zu durchqueren oder den in der Ecke versteckt drapierten Kratzbaum zu traktieren. Ebenso unsinnig ist die Bearbeitung eines Stamms, der mit derart fest gewebtem Sisal umwickelt ist, dass man in einem ganzen Katzenleben keinen einzelnen Faden herausarbeiten könnte.

Die optimale Kratzgelegenheit einer Katze ist das Erste, das man in einem Raum wahrnimmt (wie Ihr malträtiertes Sofa aktuell?!). Sie lässt sich leicht und hingebungsvoll zerstören, und wenn wir Menschen dieses schäbige, flatterige Ding ganz dringend entsorgen möchten, wird es für die Katze erst so richtig interessant. Jede weitere brüchige Stelle zeigt immer deutlicher, dass sich das Eindringen in ihr Revier ganz sicher nicht lohnt.

Prüfen Sie also, in welchen Räumen Sie und Ihre Katze voraussichtlich Ihren Lebensmittelpunkt haben werden und wo der kleine Rabauke seine Streifzüge absolvieren wird. An gut einsichtigen Zimmerecken, Fluren und dort besonders Türrahmen oder auch an Tischbeinen und Sofaecken lassen sich Kratzmöglichkeiten besonders günstig platzieren – zumindest nach Ansicht Ihrer Katze.

> **Tipp**: Dickere Stuhl- und Tischbeine werden schnell zu einer tollen Kratzgelegenheit, wenn man sie mit Sisal aus dem Baumarkt umwickelt. Wickeln Sie das Sisalband stramm, aber nicht zu fest um das Bein und bieten der Katze dabei ruhig einige „Angriffspunkte" in der Wicklung. Je schneller das Sisal Schaden nimmt, desto attraktiver wird es für Ihre Katze.

Ruhe- und Aussichtsplätze: In den meisten Wohnungen findet sich ganz ohne Ihr Zutun eine ausreichende Anzahl an attraktiven Ruhe- und Aussichtsplätzen für Ihre Katze. Dennoch schadet es sicherlich nicht, ihr artgerechte, leicht erreichbare Varianten zur Verfügung zu stellen. Je nach Jahreszeit wird Ihre Katze lieber den einen oder anderen Ort aufsuchen, um zu ruhen. Es lohnt sich also, eine neue Kuschelmöglichkeit nicht allzu schnell wieder zu entfernen, wenn Ihr Minitiger nicht sofort begeistert darin liegt.

Katzen verbringen einen Großteil des Tages damit, im Halbschlaf zu dösen und bleiben dabei die überwiegende Zeit auf Empfang. So können sie blitzschnell dem spannenden Geräusch aus dem Nebenraum nachgehen oder sich an einen sicheren Ort flüchten, wenn Gefahr droht. Die schönsten Ruheplätze bieten daher Schutz und Übersicht. Katzen liegen meist gern erhöht und haben alles im Blick, ohne allzu sehr im Trubel zu stehen. „Sehen, aber nicht gesehen werden" ist das Motto. Vom idealen Ruheplatz aus kann die Katze möglichst den ganzen Raum überblicken, ohne dabei selbst präsent zu sein. Hat sie eine Fensterplatzliege, so bilden buschige Pflanzen oder ein halbdurchsichtiger Vorhang eine Versteckmöglichkeit.

Als Wüstentier liebt es die Katze warm und sonnig, hat aber gleichzeitig gern die Option, sich an einen kühlen Ort zurückzuziehen. Bieten Sie Ihrer Katze einen Balkon, Freigehege oder Hinterhof, können Sie ihr mit größeren Steinen, die sich leicht erwärmen, einen tollen Ort zum Dösen schaffen. Eine kleine Rasenfläche in einem Pflanzkübel oder größeren Blumentopf kann Erfrischung bieten und zum verdauungsfördernden Knabbern einladen.

Catwalks – die dritte Dimension: Nicht nur in kleinen Wohnungen bieten sogenannte Catwalks, also Aufstiegs- und Laufmöglichkeiten in der dritten Dimension, eine tolle Option, das Reich der Katze zu vergrößern und zu bereichern. Vor allem schmale Flure (und damit nicht selten Konfliktorte im Mehrkatzenhaushalt) lassen sich durch einen Rundumlauf oberhalb der Kopfhöhe des Menschen mit mehreren Auf- und Abgängen im Handumdrehen erweitern. Neben im Handel erhältlichen Catwalks können Sie Regalbretter in Ihrer Wunschfarbe streichen, mit Teppich bezogen an den Wänden montieren und damit in Stil und Ausrichtung Ihrem persönlichen

Wohnstil angleichen. Die meisten Teppichfachgeschäfte bieten größere Restposten zu besonders günstigen Preisen an. Da die benötigte Fläche für Ihren

Catwalk überschaubar ist, gibt es in der Regel selbst hochwertige Ware zum Schnäppchenpreis. Doppelseitiges Klebeband sorgt für sicheren Halt des Teppichs. Integrieren Sie den Catwalk in Ihr Mobiliar, indem zum Beispiel der Schlafzimmerschrank zu einem tollen Aussichtspunkt wird – mit einem Kuschelbett ausgestattet ist er zugleich sicherer Rückzugsort. Und manchmal muss ein Möbelstück nur wenige Zentimeter versetzt werden, um dem kleinen Räuber als Absprungpunkt dienen zu können.

Besonderheiten im Mehrkatzenhaushalt: Spannungen entstehen hier oft, wenn es – aus Sicht der beteiligten Katzen – zu wenige, qualitativ ausreichende Ressourcen gibt: Nur der eine, wirklich tolle Aussichtspunkt auf dem Kratzbaum zum Beispiel, denn die nächstgelegene Alternative steht etwas ungünstig, bietet wenig Übersicht oder ist zu weit von dem geliebten Menschen entfernt. Oder die einzige wirklich attraktive Toilette, die deshalb besonders stark frequentiert wird und für die Katzen damit schon besetzt oder zu verdreckt ist. Eine theoretisch ausreichende Anzahl an Katzentoiletten oder Kratzbäumen bedeutet nicht unbedingt ausreichend passable Varianten für alle im Haushalt lebenden Katzen. Jede versucht, die beste Variante für sich zu beanspruchen und schon kommt es zu Auseinandersetzungen. Beurteilen Sie bei Ihrem Umzug kritisch, ob Sie tatsächlich gleichwertige und ausreichend viele Kratzgelegenheiten, Kuschelplätze und Katzentoiletten eingeplant haben.

> **Tipp:** Gehören Sie zu den Menschen, die mit einem Grundriss und kleinen Möbelschablonen alles Wichtige noch vor dem Umzug auf einem Blatt Papier an ihren künftigen Platz schieben? Dann lohnen sich zusätzliche Schablonen auch für Katzentoiletten, Futternapf, Ruhe- und Aussichtsplätze sowie Kratzgelegenheiten.

Heim im Heim – Das Katzenzimmer

Damit sich Ihre Katze in Ruhe an die neue Umgebung gewöhnen kann, richten Sie ihr temporär möglichst ein eigenes Zimmer ein, in dem sie alles Nötige in Reichweite zur Verfügung hat und sich in einem überschaubaren Bereich orientieren kann. Der Raum sollte vorab gut gelüftet worden sein, damit Rückstände von der Renovierung verflogen sind. Ein Pheromon-Stecker, der den Reviergeruch nachahmt und für den Menschen geruchsneutral ist, kann Ihrer Katze helfen, sich an die Umgebung zu gewöhnen. Je nach Modell ist ein Stecker für etwa 80 Quadratmeter Wohnfläche ausreichend und hält rund vier Wochen – meist genug Zeit, um sich ein wenig einzugewöhnen.

Tipp: Pheromon-Produkte werden von verschiedenen Herstellern angeboten und unterscheiden sich in Qualität, Ausführung und Wirkung. Wählen Sie für die Eingewöhnung ein Produkt, das das sogenannte F3-Pheromon nachahmt und damit den Reviergeruch unterstützt. Andere Pheromone sollen speziell innerartliche Spannungen verhindern beziehungsweise mildern. Sie enthalten Wirkstoffe der F4-Gruppe. Fragen Sie bei Unsicherheit das Verkaufspersonal.

Je nach Hersteller werden Sprays und Diffuser für die Steckdose angeboten. Ein Spray eignet sich für den kurzfristigen Einsatz, um die Transportbox direkt vor der Reise mit ein bis zwei Hüben behaglicher zu machen. Der Geruch verfliegt schnell. Für den Einsatz in der Wohnung eignen sich Diffuser besser, die einen konstanten Geruch absondern. Wählen Sie ein Produkt in einem Plastik-Flakon, können Sie gut erkennen, wie viel Duftstoff im Behälter ist und rechtzeitig nachordern. Setzen Sie Plättchen ein, behalten Sie unbedingt einen Blick auf deren mitunter nicht gut erkennbare Haltbarkeit.

Hat Ihre Katze einen Lieblingssessel, wäre es schön, wenn Sie ihn für den Umzug in das neue Katzenzimmer stellen oder aber eine Decke, auf der sie besonders gern liegt, über Stuhl, Bett oder Sofa legen. Richten Sie ihren Rückzugsort möglichst so ein, dass die Katze von dort aus den Raum und die Zimmertür gut überblicken und sowohl den Futternapf als auch die Katzentoilette bequem und schnell erreichen kann.

Revierwechsel für Freigänger – Vorbereitung für den Neustart

Nach dem Umzug sollte Ihr Freigänger einige Zeit ausschließlich drinnen bleiben, um sich an sein neues Zuhause zu gewöhnen und sicher den Weg dorthin zurückzufinden. Allgemein geht man von etwa vier bis sechs Wochen Eingewöhnungszeit aus, wobei Sie diese Zeit individuell anpassen sollten. Ihre Katze sollte erst dann ihr neues Revier erkunden, wenn Sie das Gefühl haben, dass das Tier in der neuen Wohnung zuhause ist. Bei manchen Katzen geht das sehr schnell, scheue oder ängstliche Tiere benötigen jedoch mitunter sogar Monate, bis sie sich orientiert haben. Die Eingewöhnungszeit sollte auch dann etwas länger ausfallen, wenn Sie nur wenige Kilometer wegziehen. Je näher das gewohnte Revier zu Ihrer neuen Wohnung liegt, desto höher ist das Risiko, dass sich Ihre Katze auf den Weg dorthin zurück macht. Eine längere Eingewöhnungsphase bindet sie besser an ihren neuen Lebensmittelpunkt, Ihre Wohnung.

So oder so sollten Sie sich schon vor dem Umzug überlegen, wie die intensive Zeit in der Wohnung für Ihre Katze abwechslungsreich und spannend gestaltet werden kann. Ob Fummelbretter, Leckerchen-Parcours oder gemeinsame Spielaktivitäten – probieren Sie aus, was Ihre Katze gerne mag und sie idealerweise auch über einen längeren Zeitraum beschäftigt. Integrieren Sie diese Beschäftigungen mindestens drei bis vier Wochen vor dem Umzug in Ihren Alltag. So fällt die Zeit des Stubenhockens auch einem Freigänger nicht gar so schwer.

Haben Sie das Glück und können Ihren Umzug recht flexibel planen, zieht es Ihren nicht allzu wetterfesten Freigänger in der kühleren Jahreszeit vermutlich ohnehin nicht gar so sehr nach draußen als wenn der Umzug just in den Frühling oder Sommer fällt. Freilich lässt sich das nur in den wenigsten Fällen katzenfreundlich planen. Es gibt Ihnen aber gleichzeitig einen Hinweis, wie schwierig die Beschäftigung Ihres Freigeists möglicherweise werden könnte.

Möchten Sie Ihrem Freigänger die Eingewöhnung im neuen Revier etwas sicherer gestalten, können Sie zeitgleich zu der Beschäftigung im Haus üben, dass Ihre Katze auf Zuruf kommt. Die meisten tun das ohnehin und rennen los, wenn sie die Leckerchendose rappeln hören oder man ihren Namen ruft. Sollte Ihre Katze das noch nicht tun, ist jetzt der richtige Trainingszeitpunkt dafür. Etablieren Sie dazu ein gut hörbares Signal wie das Klappern der Dose oder ein lautes, melodisches Pfeifen, das Sie immer mit einer ganz besonderen Belohnung verbinden – einem schmackhaften Leckerchen, einem kurzen Spiel, einer Streicheleinheit oder der besonders beliebten Abendmahlzeit. Üben Sie zunächst in der Wohnung, wo es wenig Ablenkung gibt, und schließlich auch vor der Haustür.

Ist Ihnen das gelungen, können Sie dasselbe Signal nach Ihrem Umzug einsetzen, um Ihre Samtpfote wieder zu sich zu rufen und so deren Radius in der neuen Umgebung nur Stück für Stück zu erweitern. Widerstehen Sie jedoch dem Wunsch, sie allzu oft zurück zu locken. Sie soll vor allem ihr neues Revier in ihrem Tempo erkunden und sich dabei auf die vielen neuen Eindrücke konzentrieren können. Ihr Tier bewertet, ob und welche anderen Katzen es dort gibt, wo Gefahren lauern oder wo man gemütlich ruhen kann. Ihr Rückruf sollte daher nur ein Highlight sein, das daran erinnert, wo besonders tolle Dinge warten.

Wenn es schnell gehen muss

Lässt sich ein abrupter Umzug nicht vermeiden, bei dem Sie an nur einem Tag alle Möbel und Gegenstände von der einen in die andere Wohnung bringen müssen, ist es hilfreich, Ihre Katze für die Zeit des Umzugs bei Freunden einzuquartieren, während Sie renovieren und alles einrichten. Idealerweise konnte das Tier mit diesen Freunden bei vorigen Besuchen bereits positiven Kontakt aufnehmen und dort in einem kleinen, für sie hergerichteten Zimmer (ähnlich dem temporären Katzenzimmer in Ihrer neuen Wohnung) untergebracht werden. Nach zwei, drei Tagen Übergangszeit holen Sie Ihre Katze schließlich ab. Achten Sie darauf, dass dann bereits alle Möbel und die meisten Einrichtungsgegenstände an ihrem Platz stehen. Nach dieser besonderen Aufregung ist die Unterbringung in einem temporären Katzenzimmer besonders hilfreich, damit Ihre Samtpfote zur Ruhe kommen und sich neu orientieren kann.

Scheidet die Unterbringung bei Freunden aus, ist ein temporäres Katzenzimmer, das Ihre Samtpfote direkt nach Ankunft in der neuen Wohnung bezieht, ein Muss. Sie sollte dort vor allem übrigen Umzugsstress geschützt bleiben. Abends oder in der Nacht darf sie die übrige Wohnung erkunden, wenn um sie herum alles ruhig ist und insbesondere keine lauten Renovierungsgeräusche mehr zusätzlich verunsichern. Je schüchterner die Samtpfote, desto sensibler sollten Sie in dieser Phase mit Lärm oder Unruhe umgehen. Vielleicht kann die letzte Kommode erst später zusammengebaut oder das Katzenzimmer gestrichen werden, wenn sich die Aufregung gelegt hat.

Umzug & Eingewöhnung – Jetzt geht's los

Am Umzugstag sollte Ihre Katze so wenig wie möglich von dem Trubel um sie herum mitbekommen. Das gelingt am besten, wenn Sie das Tier zu Beginn des Umzugs als Erstes ins vorbereitete Katzenzimmer bringen. So hält sie sich den Rest des Tages an einem sicheren Ort auf, kann anfangen, sich an die neue Umgebung zu gewöhnen und sich langsam mit den neuen Eindrücken vertraut zu machen. Stellen Sie die Katze bitte in ihrem Katzenzimmer in der Nähe der vorbereiteten Katzentoilette ab, öffnen die Transportbox und lassen sie in Ruhe ankommen. Die Akzeptanz der Toilette in der neuen Wohnung können Sie fördern, indem Sie gesiebte gebrauchte Einstreu aus Ihrer alten Wohnung in die Katzentoilette füllen. Das Kistchen riecht dann für Ihre Katze in der fremden Umgebung bereits vertraut. Ein Schälchen Futter in der Nähe der Transportbox wird Ihrer Katze wiederum die ersten Schritte im unbekannten Zimmer erleichtern. Beim Verlassen schließen Sie die Zimmertür ab, um sie gegen unbedachtes Öffnen im Umzugstrubel zu sichern.

Können Sie die Katze nicht zu Beginn des Umzugs in die neue Wohnung bringen, so sollte sie in einem ebenfalls abgeschlossenen Raum Ihrer bisherigen Wohnung mit einer Katzentoilette, Futter und Wasser sowie dem Transportkorb untergebracht und als Letztes in die neue Wohnung gebracht werden. Achten Sie in diesem Fall ganz besonders darauf, dass beim Öffnen des Katzenzimmers unbedingt die Wohnungs- beziehungsweise Haustür geschlossen ist, um panisches Flüchten Ihrer Katze ins Freie zu verhindern. Das gilt im Besonderen natürlich auch nach Ihrer Ankunft in der neuen Wohnung, wo sich Ihre Samtpfote zudem noch nicht auskennt und, wenn sie entwischt, vermutlich nicht mehr nach Hause findet.

Die ersten Tage in der neuen Umgebung

Hat der Umzug Ihre Katze emotional mitgenommen oder ist ihre Neugier größer als die Angst vor dem Unbekannten? Wenn Sie nach dem Abzug aller Umzugshelfer Ihre Katze im Ankunftszimmer besuchen, werden Sie schnell feststellen, ob sie auf Sie zukommt oder die Situation doch lieber aus ihrem Versteck heraus beäugt.

Macht Ihre Katze einen entspannten Eindruck auf Sie, können Sie gemeinsam die neue Wohnung erkunden. Zuvor ausgelegte Leckerchen und an Laufwegen platziertes Katzengras verknüpfen die unbekannte Umgebung direkt mit einem positiven Erlebnis. Achten Sie auch hier besonders auf geschlossene Außentüren und Fenster und beobachten Sie mit etwas Abstand, wie sich Ihre Katze zurechtfindet. Sie wird vermutlich eher an den Wänden entlang die Zimmer abgehen, zunächst den unteren Bereich Ihrer Wohnung erkunden, bevor sie vielleicht auf ein Regal oder die Couch springt. Je nachdem wie aufgeregt sie ist, schlägt sie mehr oder weniger hektisch mit dem Schwanz oder bewegt sich geduckt durch das unbekannte Revier.

Je entspannter ihre Körperhaltung ist, desto besser kann sie sich auf die neue Situation einlassen. Sie können sie am besten darin unterstützen, indem sie selbst ruhig und gelassen bleiben und ihr nicht unmittelbar folgen. Loben Sie Ihre Katze und geben ihr ein besonderes Leckerchen, wenn sie mutig um eine neue Zimmerecke schaut. Die meisten Katzen legen sich nach einigen aufgeregten Reviergängen durch die Wohnung an einer für sie übersichtlichen, erhöhten Stelle ab.

Merken Sie hingegen, dass sie zunehmend nervöser wird, locken Sie sie freundlich, vielleicht unterstützt mit einem ganz besonderen Leckerchen, zurück in ihr Ankunftszimmer und belassen sie für einige Stunden darin. Starten Sie dann einen neuen Versuch und geben zunächst möglichst nur ein weiteres Zimmer für sie frei, damit die neuen Eindrücke nicht überwältigend sind. Schauen Sie, ob sich die Aufregung Ihrer Samtpfote langsam legt und lassen sie dann nach und nach in alle weiteren Zimmer. Geben Sie Ihrer Katze Zeit zur Erkundung. Das Ankunftszimmer sollte während der Eingewöhnung stets als sicherer Rückzugsort zur Verfügung stehen. Achten Sie darauf, dass die Tür dann stets geöffnet ist und nicht versehentlich zufallen kann.

Ziehen Sie mit einer ängstlichen Samtpfote um, gehen Sie ähnlich vor, warten Sie mit der ersten Erkundung aber, bis sich die Katze in ihrem Ankunftszimmer sicher und selbstbewusst bewegt. Besuchen Sie die Fellnase in dieser Zeit immer wieder in ihrem Zimmer, setzen sich in ihre Nähe und sprechen freundlich mit säuselnder Stimme mit ihr oder lesen Sie ihr etwas vor. Hat sich die Katze in ein Versteck zurückgezogen, strecken Sie bitte nicht Ihre Hand hinein, Ihre Katze könnte sich dadurch bedrängt fühlen. Schauen Sie sie auch nicht direkt an, sondern unterbrechen den Blick immer wieder durch langsames Blinzeln und Wegschauen. Damit signalisieren Sie ihr, dass Sie freundlich Kontakt aufnehmen möchten. Ängstliche Tiere gehen meist gern in den Abendstunden oder in der Nacht auf Erkundung. Öffnen Sie die Zimmertür daher ruhig einen Spalt und lassen Ihre Katze entscheiden, wann Sie das Abenteuer wagen möchte. Denken Sie bei ängstlicheren Tieren daran, die Wohnung nur zimmerweise freizugeben, um sie mit den neuen Eindrücken nicht zu überfordern.

Verschiedene Nahrungsergänzungsmittel oder auch Bachblütenmischungen können der Katze helfen, die Situation gelassener zu nehmen. Fragen Sie bei Bedarf Ihre Tierärztin oder Tierheilpraktikerin danach und beginnen Sie gegebenenfalls frühzeitig mit der Behandlung. Nahrungsergänzungen benötigen zwischen sieben und 21 Tagen, bis sie ihre volle Wirkung entfalten. Häufig macht es Sinn, diese Mittel etwa drei bis vier Wochen vor dem Umzug und noch mindestens zwei Wochen nach dem Umzug zu geben.

> **🐾Tipp:** Spiele, bei denen sich eine Schnur oder Spielangel langsam aus dem Sichtfeld der Katze bewegt, können sie animieren, einige Schritte aus ihrem Versteck herauszukommen und nach und nach das Zimmer zu erkunden. Auch eine Spielmaus, die immer wieder unter einem nahen Teppich hervorblitzt, kann bei einer etwas ängstlichen Samtpfote schließlich doch die Neugier siegen lassen.

Zu guter Letzt können mit Leckerchen ausgelegte Parcours eine Animation zur Erkundung darstellen, womit Ihre Katze nach und nach alle Zimmer und alle Ebenen ihres neuen Reviers erkunden kann. Gleichzeitig sehen Sie an den weggeknusperten Leckereien, wie weit sie bereits in der Wohnung unterwegs ist.

Die ersten Tage in der neuen Wohnung sind für Ihre Katze ebenso spannend und aufregend wie für Sie selbst. Je mehr Sie im Vorfeld einrichten konnten, desto leichter wird es Ihnen und Ihrer Katze fallen, sich schnell an die neue Situation zu gewöhnen. Gönnen Sie der Fellnase besonders in dieser Zeit möglichst viel Ruhe und packen Sie die letzten Kartons erst nach und nach aus. Ihre Katze wird sich freuen, wenn sie das ausgediente Packpapier und die vielen Kartons zum Spielen und Erkunden nutzen darf und wird damit an Sicherheit im neuen Revier gewinnen. In Kartons, die Sie auf eine ansonsten freie Fläche beispielsweise in der Zimmermitte stellen, kann sie sich verstecken oder unbemerkt daran vorbeischleichen. Buschige Zimmerpflanzen werden ebenfalls gern zur Tarnung genutzt.

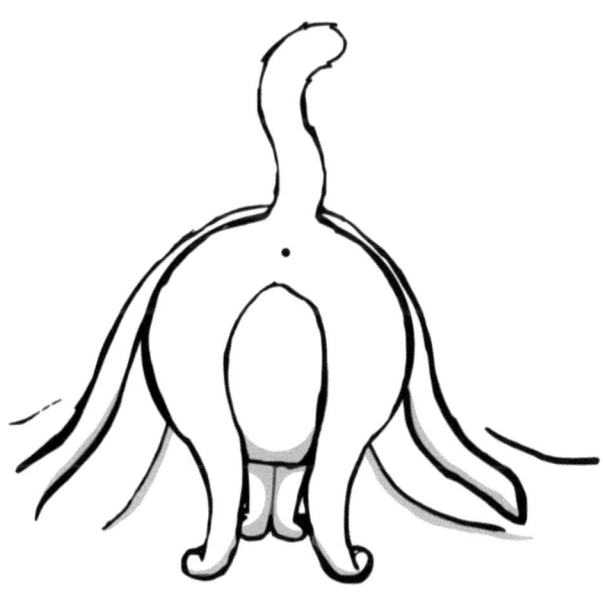

🐾 Tipp: Haben Sie in Ihrer neuen Wohnung genügend Platz, können Sie Ihrer Samtpfote ein kleines Abenteuer anbieten. Anstatt die leeren Umzugskarton und das Packpapier sofort zu entsorgen, bauen Sie damit einen Katzen-Spielplatz. Da darf sie durch Kartons stapfen, Leckerchen erbeuten und das Packpapier durchwühlen.

Mit Drehen und Wenden der Kartons bringen Sie Bewegung hinein und neue Spannung. Nach und nach verschwinden die Kisten und machen Platz für den eigentlichen Zweck des Zimmers.

Achten Sie darauf, dass Ihre Katze mit den Eindrücken nicht überfordert ist. Es soll ihr Spaß bereiten, in der Kartonburg zu toben und ihr keinesfalls Angst machen. Wird der Abenteuer-Parcours angenommen, haben Sie eine tolle Beschäftigung für die erste Zeit, in der Ihrem Freigänger sonst vielleicht fürchterlich langweilig wäre.

Geben Sie sich und Ihrer Katze Zeit, sich an die neue Situation zu gewöhnen und planen Sie die Einweihungsfeier lieber ein paar Tage später, wenn sich die erste Aufregung gelegt hat. Mit extra Streichel- und Spieleinheiten wird dieser Neuanfang für Sie beide eine aufregende, aber weitgehend stressfreie Zeit.

Schritt für Schritt – Umzug mit der ängstlichen Katze

Einer sehr ängstlichen Katze helfen Sie beim Umzug mit...

... möglichst vielen bekannten Möbeln und Gegenständen
in der neuen Wohnung

... einem für sie eingerichteten Zimmer, in dem sie die erste Zeit
ungestört ankommen darf

... dem Öffnen der neuen Wohnung Zimmer für Zimmer über
einen längeren Zeitraum

... Kartons oder großen Pflanzen in der Raummitte als Tarnmöglichkeit

... einem Pheromon-Stecker, der die ungewohnte Umgebung
heimeliger wirken lässt

... besonderen Leckerchen und ruhigen Spielangeboten, die
die Katze zur Bewegung animieren

... Nahrungsergänzungsmitteln oder Bachblüten, die der Katze
helfen, sich zu entspannen

Alles auf Null – Chance bei Problemen

Der Umzug in eine neue Umgebung kann nicht nur für uns Menschen einen Neuanfang bedeuten. Auch für eine angeknackste Katzenbeziehung oder ein bestehendes Problemverhalten birgt er die Chance auf Verbesserung. Die Katzen starten ebenfalls unter neuen Bedingungen. Hart umkämpfte Ressourcen werden neu geordnet und Gewohnheiten im bisherigen Alltag verändert. Nutzen Sie den Umzug, um den Ursachen von Problemen auf den Grund zu gehen und sie in der neuen Wohnung von Beginn an zu vermeiden.

Spannungen im Mehrkatzenhaushalt

Damit der Hausfrieden Ihrer Katzen dauerhaft verbessert werden kann, sollten Sie das neue Revier optimal ausstatten und aktiv an deren Beziehung arbeiten. In welchen Situationen und an welchen Orten kam es bisher häufig zu Auseinandersetzungen? Ging es stets um einen strategisch gut platzierten Kratzbaum? Fauchten sich die Kontrahenten bei Begegnungen im schmalen Flur an oder geriet der Wechsel zwischen Wohnung und Garten zum Spießrutenlauf?

Setzen Sie an den neuralgischen Punkten an und beheben Sie gezielt die Auslöser. Ging es immer um den einen Lieblingskratzbaum, platzieren Sie ansprechende Alternativen in ausreichender Anzahl. Machen Sie verschiedene Ruhe- und Aussichtsorte noch schmackhafter mit regelmäßig dort angebotenen Leckerchen oder Kuscheleinheiten. War der enge Flur ein Problem, sorgen Sie zum Beispiel über Stühle, auf die man schnell springen kann, oder einen Catwalk mit Aufstiegsmöglichkeit in unmittelbarer Nähe zu anderen Engstellen für Ausweichmöglichkeiten. Kam es an der Katzenklappe häufig zu Spannungen, schaffen Sie möglichst eine zweite Alternative weiter weg (beispielsweise an der Hintertür des Hauses). Sorgen Sie mit kleinen Tarnstationen wie Pflanzen und Deko-Gegenständen vor und hinter der Klappe für einen geschützten Wechsel. So können Ihre beiden Streithähne vor dem Gang durch die Klappe abschätzen, ob die Luft rein ist, und stehen nicht plötzlich Nase an Nase mit dem ungeliebten WG-Partner.

Neben diesem Begegnungsmanagement arbeiten Sie unbedingt aktiv an der Beziehung der Katzen. Parallele Spieleinheiten in ausreichendem Abstand zueinander vermitteln den beiden eine gute Zeit miteinander. Spielen Sie die beiden <u>nicht</u> aufeinander zu, denn das könnte als bedrohlich empfunden werden. Vielmehr wird jede Katze in ihrem Bereich bespaßt und soll sich dabei maximal entspannen. Ist eine der beiden Fellnasen etwas schüchtern, hilft ihr ein erhöhter Standort. Die souveräne Katze spielt auf dem Boden, während die zurückhaltende das Sofa nutzt.

Beim Spielen werden nicht nur Stresshormone abgebaut, sondern gleichzeitig Glückshormone freigesetzt, sodass sich die beiden nach und nach wieder besser arrangieren können. Bei einer sehr aktiven Katze kann ein vorgeschaltetes wildes Spiel in Abwesenheit der Zweitkatze helfen, Energie abzubauen. Das sich anschließende gemäßigte Spiel mit der Zweitkatze wirkt für diese weniger bedrohlich als eine wilde Rauferei mit ganzer Kraft.

Versuchen Sie, in Ihrem Alltag möglichst viele angenehme Begegnungen zwischen den beiden Katzen zu schaffen. Von dem Gedanken „och nee, die schon wieder" sollten beide Kontrahenten hin zu dem Gefühl kommen, bei jeder Begegnung etwas Tolles zu erleben. Das kann eine kleine Leckerei sein, die sofort erscheint, sobald sich die beiden sehen oder eine kurze Bürsten- oder Streicheleinheit. Wichtig ist, dass es für die Katzen tatsächlich als Belohnung empfunden wird und unmittelbar beim Erscheinen der Zweitkatze auftritt.

Leider birgt ein Wohnungswechsel für zerstrittene Katzenpaare dann ein Risiko, wenn sich die Tiere als Freigänger bisher weitgehend aus dem Weg gehen konnten und nun für die Zeit der Eingewöhnung auf begrenztem Raum miteinander zurechtkommen müssen. Hier ist das Maximum an attraktiven Ressourcen in der Wohnung und von Ihnen als Katzen-Entertainer gefragt. Ist die Beziehung stark zerrüttet oder spitzt sich während des Stubenarrests zu, sollten Sie eine zumindest temporäre Trennung der beiden in Betracht ziehen. In separaten Räumlichkeiten können beide Katzen zur Ruhe kommen und in von Ihnen moderierten Begegnungen schließlich zueinander finden. Möglicherweise macht ein vollständiger Neuanfang Sinn, bei dem Sie die Katzen schrittweise wieder miteinander bekanntmachen. Die Begegnungen werden für beide Tiere positiv und so kurz gestaltet, dass beide entspannt bleiben können.

Unsauberkeit, Markieren & Co

Unerwünschtes Verhalten wie Unsauberkeit und Harnmarkieren können verschiedene Ursachen haben, denen Sie in jedem Fall auf den Grund gehen müssen, um das Verhalten dauerhaft in geordnete Bahnen zu lenken. Ist die angebotene Toilette zu klein oder das Streu zu grobkörnig, wird sich daran auch in einer neuen Umgebung nichts ändern. Im ersten Schritt sollten Sie, neben gesundheitlichen Problemen, immer die Haltungsbedingungen der Samtpfote prüfen und sich dabei kritisch fragen, ob die Basisausstattung stimmig ist.

Neben diesen real vorliegenden Ursachen kann sich Problemverhalten mit der Zeit zusätzlich durch eine Gewohnheitskomponente verselbstständigen. Dann wird der Türrahmen in der Küche nicht nur angestrullert, weil Kater Carlo seinen hungerbedingten Erregungslevel regulieren möchte, sondern auch, weil er es in den vergangenen Jahren eben immer so gemacht hat und eine Alternative für ihn kaum noch in Betracht kommt.

In diesen Fällen kontaktieren Sie am besten noch vor dem Umzug eine Verhaltensberaterin, mit deren Unterstützung Sie systematisch die Ursache des Verhaltens identifizieren und Sorge dafür tragen, dass dies in der neuen Wohnung nicht nur vermieden wird, sondern entsprechend verlockende Alternativen geboten werden.

Tipp: Wenn Sie in Ihrer alten Wohnung gegen Unsauberkeit oder Harnmarkieren kämpfen mussten, ist es fair, für eine gründliche und effektive Reinigung der betroffenen Stellen zu sorgen. Bedenken Sie, dass eine Tiernase meist deutlich empfindlicher als Ihre ist und prüfen den Erfolg Ihrer Reinigung. Mit einer UV-Lampe, die Sie online oder im Baumarkt günstig erhalten, werden Kot und Urin im Dunkeln sichtbar. Für die Reinigung verwenden Sie einen Enzymreiniger aus dem Tierfachhandel, um Exkremente aufzulösen und nicht nur deren Geruch zu überdecken. Zieht nach Ihnen wieder eine Samtpfote ein, besteht andernfalls die Gefahr des Problemverhaltens dieses Tiers, da für ihn die noch wahrnehmbaren Flecken eine Einladung darstellen, sich dort ebenfalls zu lösen.

Zu guter Letzt

Am Ende dieses Buches haben Sie nun eine virtuelle Kiste gepackt, voll mit Ideen und Hinweisen zu dem anstehenden Umzug mit Ihrer Samtpfote. Manche Punkte nehmen Sie gedanklich in die Hand, begutachten sie und legen sie als für Sie und Ihre Fellnase irrelevant oder vielleicht auch ein wenig übertrieben beiseite. Einen kurzen Nebensatz packen Sie hingegen gut ein und wollen ihn sorgfältig beachten. So behandeln Sie dieses Buch wie Ihren Umzug, bei dem Sie Relevantes bewahren und anderes über Bord werfen. Prüfen Sie, was für Sie und Ihre Katze wichtig ist und beachten Sie dies besonders.

Ein Umzug ist für uns Menschen oft hektisch, manchmal chaotisch und meist mehr oder weniger aufregend. Es ist ein Neuanfang in fremder Umgebung, eine Art Revierwechsel auch für uns Menschen. Während wir uns dieses Neuanfangs jedoch schon im Vorfeld bewusst sind und wir meist auf dessen Konditionen Einfluss nehmen können, wird Ihre Katze wie vom Donner getroffen, wenn sie ihrer gewohnten und geschätzten Umgebung von jetzt auf gleich entrissen wird. Man hat sie nicht gefragt, ob sie es nicht viel cooler in einer anderen Wohnung finden würde und ob sie sich die Auseinandersetzungen mit neuen Katzen im unbekannten Revier als Freigänger nochmal zutraut. So ist der Umzug für Ihre Katze eine große Herausforderung, der sie sich bestimmt leichter stellen kann, wenn sie von Ihnen in der Vorbereitung wie auch der Umsetzung die bestmögliche Unterstützung erhält.

Danksagung

Die Idee zu diesem Buch entstand aus der recht intensiven Beratung einer Klientin, die sich Sorgen um ihren sehr revierbezogenen und gleichzeitig unsicheren Kater machte. Der Umzug war noch über ein Jahr entfernt und doch nahm sie schon Kontakt auf, begutachtete gemeinsam mit mir sowohl sein altes als auch sein neues Revier und setzte meine Ratschläge von der Gewöhnung an einen Lockruf bis hin zur Gestaltung des neuen Gartens um, an den wiederum mehrere Gärten mit Katzen und Hunden grenzten. Wir waren mehrfach miteinander in Kontakt und ich freue mich, dass sie nach dem zuvor mit großen Sorgen verknüpften Umzug schließlich berichtete, dass die Empfehlungen vor allem auch die Intensivierung ihrer Beziehung zu dem geliebten Tier zur Folge hatten. Der Umzug war dennoch aufregend und die Zeit, in der ihr Katermann nicht in den geliebten Freigang durfte, nicht leicht. Doch auch dafür war sie dank entsprechender Vorbereitung gut gewappnet und konnte den Stress auf beiden Seiten minimieren.

So möchte ich all den Klienten danken, die sich besonders vorausschauend um das Wohl ihrer Samtpfoten sorgen und dabei indirekt auch mir den einen oder anderen Denkanstoß geben. Nicht jeder kann eine individuelle Beratung in Anspruch nehmen und so freut es mich, mit diesem Ratgeber vielleicht ein wenig helfen zu können.

Ich danke den Lesern meines ersten Buchs, bei dessen Veröffentlichung ich unendlich aufgeregt war und Sorge hatte, dass es nicht gut ankommen könnte. Tatsächlich habe ich wundervolle Rückmeldungen erhalten und den Mut gewonnen, ein zweites anzugehen. Dankeschön an alle, die mich unterstützen, auf welche Weise dies auch immer sein mag.

Die Autorin

Carmen Schell, Inhaberin von Cattalk®, ist als ausgebildete Tierpsychologin (ATN) mit dem Fachgebiet Katze beratend im Rhein-Main-Gebiet, überwiegend rund um Darmstadt und Frankfurt sowie bundesweit im Online-Coaching tätig. Sie bietet Katzenbesitzern professionelle Unterstützung bei allen Fragen zu Haltung und Problemverhalten von Samtpfoten. Neben der persönlichen Beratung hält sie regelmäßig in ganz Deutschland Seminare für interessierte Katzenhalter und schult Kollegen sowie Tierpfleger im Handling der sensiblen Tiere. Eine Zertifizierung als Qualitätsmanagerin sowie ein großes Expertennetzwerk runden ihr Profil ab und unterstützen ihre praxisorientierte, strukturierte Herangehensweise auch in kniffligen Beratungen. Ihr Herz hat die Autorin verschiedener Fachartikel besonders an Katzen aus dem Tierschutz verloren.

Cativity – Katze gut, alles gut!

Cativity unterstützt Halter bundesweit online und telefonisch bei Fragen zu der Beschäftigung und Unterbringung von Katzen jeden Alters. Dabei steht eine harmonische Kombination aus modernem Wohngefühl, artgerechter Katzenhaltung und praktikablen Umsetzungsmöglichkeiten im Vordergrund. Mit ausgewählten Produkten und Dienstleistungen, die den Wohnraum der Katze erweitern und ihre Beschäftigung fördern, werden die einzelnen Komponenten gleichzeitig optimal in den persönlichen Stil des Halters integriert. So wird aus dem neuen Heim ein spannendes Reich für die Katze.

Mehr Informationen unter:

www.cattalk.de/cativity

Buchtipps

Second Hand Katze – Aufnahme einer Katze mit Vergangenheit

von Carmen Schell, erschienen 2018 bei BoD

Katzenhaltung mit Köpfchen:
Für ein rundum glückliches Katzenleben

von Christine Hauschild, erschienen 2012 bei BoD

Katzenseele

von Paul Leyhausen, erschienen 1996 bei Franckh Kosmos Verlag

Katzen-Kindergarten

von Sabine Schroll, erschienen 2017 bei BoD